A ADVOGADA DOS PECADORES

A advogada dos Pecadores

ALDIVAN TORRES

Canary Of Joy

CONTENTS

1 - A Advogada Dos Pecadores 1

1

A ADVOGADA DOS PECADORES

Aldivan Teixeira Torres
A Advogada dos Pecadores

Autor: Aldivan Teixeira Torres
©2018-Aldivan Teixeira Torres
Todos os direitos reservados

Este ebook, incluindo todas as suas partes, é protegido por Copyright e não pode ser reproduzido sem a permissão do autor, revendido ou transferido.

Aldivan Teixeira Torres é um escritor consolidado em vários gêneros. Até o momento tem títulos publicados em nove línguas. Desde cedo, sempre foi um amante da arte da escrita tendo consolidado uma carreira profissional a partir do segundo semestre de 2013. Espera com seus escritos contribuir para a cultura Pernambucana e Brasileira, despertando o prazer de ler naqueles que ainda não tenham o hábito. Sua missão é conquistar o coração de cada um dos seus leitores. Além da literatura, seus gostos principais são a música, as viagens, os amigos, a família e o próprio prazer de viver. "Pela literatura, igualdade, fraternidade, justiça, dignidade e honra do ser humano sempre" é o seu lema.

A advogada dos Pecadores
Nossa Senhora de Bonate
Ghiaie di Bonate-Itália-1944
O local
A vidente
As aparições
Pós-aparições
Nossa Senhora de todas as nações
Um pouco sobre a vidente
Solicitações da Rainha dos Céus
Mensagens principais
Medianeira de todas as graças
Primeira aparição
Segunda aparição
Mensagem da terceira aparição
Nossa Senhora Rainha de Turzovca
Eslováquia-1958
A Fonte milagrosa de Okruhla
Virgem de Cuapa
Cuapa-Nicarágua-1980
A primeira aparição
A segunda aparição
A terceira aparição
A quarta aparição
A quinta aparição
Nossa Senhora rainha e mensageira da paz
Principais mensagens em Jacareí
Nossa Senhora Imaculada Conceição Aparecida
Reserva-Brasil-1995

Principais mensagens em Reserva
Milagres relatados
Capítulo Especial
Debaixo duma árvore
Na casa lotérica
Na lotação
Milagres pessoais

Nossa Senhora de Bonate
GHIAIE DI BONATE-ITÁLIA-1944
O LOCAL

Ghiaei di Bonate pertence a Diocese de Bergamo distante dez quilômetros da capital. O local recebe esse nome motivado pelo terreno saibroso do Rio Brembo. Na época, era um local extremamente perigoso por conta de bombardeios na segunda guerra mundial.

Neste tempo de angústias e incertezas, Nossa Senhora aparece a uma garota de sete anos trazendo uma mensagem de paz e esperança ao mundo.

A VIDENTE

Em Torchio, Bairro de Ghiaie di Bonate, residia a Família Roncalli composta por dez membros. Era uma família humilde, mas estabilizada emocionalmente com a criação dos filhos baseados nos valores cristãos. Exemplos para os filhos, pai e mãe se dedicavam ao trabalho buscando dar os filhos as mínimas condições de sobrevivência. Enquanto o pai trabalhava como operário numa fábrica a mãe fazia serviços artesanais e domésticos. Além disso, supriam suas crias com carinho e atenção nas horas vagas. Desse modo, eram admirados por todos que os conheciam. Suas sete filhas e um filho eram felizes.

Adelaide era uma das filhas e nessa época tinha sete anos. Cursava o primeiro ano escolar com exclusiva dedicação aos estudos. Era comportada, educada, gentil, saudável, amorosa e compreensiva com todos ao seu redor. Completamente simples, não passava por sua cabeça ser escolhida pela mãe de Deus como porta-voz de suas mensagens para um mundo em guerra tornando seu nome importante e famoso no mundo inteiro.

AS APARIÇÕES

Primeira aparição

13 de maio de 1944
Amanhecera. Era dia de sábado prometendo ser dentro da normalidade. Após levantar, tomar banho e comer o desjejum, Adelaide se reuniu com seus irmãos e amigos no terraço de sua casa gastando o tempo sem maiores preocupações. Nestes momentos de distração, cumplicidade e harmonia ela sentia exatamente o gosto da infância e da amizade.

No período da tarde e noite, almoça, lê um livro, faz faxina, escuta o rádio e janta. As dezoito horas, sai de casa obedecendo o pedido da mãe de recolher flores de sabugueiro e margarida. Sua genitora adorava ter flores enfeitando a entrada da casa.

Ao ficar diante duma imagem de Nossa Senhora, eis que a própria lhe resolveu aparecer. A bela mulher vestia um conjunto todo branco, tinha um manto azul, uma coroa prata na cabeça e um terço dependurado no braço direito. A mulher caminhava em direção a vidente acompanhada de dois homens reconhecidos posteriormente como José e Jesus. Ao chegar mais perto, entrou em contato:

"Não fuja porque eu sou Nossa Senhora! Você deve ser boa, obediente, respeitosa com o próximo e sincera. Reze bem e volte neste lugar por nove noites sempre a esta hora.

Em seguida, desapareceu como fumaça. A menina ficou abismada e com medo. Retornou, pois, para casa contando o ocorrido a sua família que ficou ainda mais impressionada. As coisas de Deus são realmente inexplicáveis.

Segunda aparição

<u>14 de maio de 1944</u>
Adelaide e suas amigas concentravam-se em oração diante do oratório. Era um exercício diário, muito proveitoso e agradável aos olhos de Deus. Através deste esforço conseguiam bastantes conversões e milagres em nome da santíssima Virgem engradecendo ainda mais seu nome na região.

Em dado momento, a vidente sentiu-se intimamente movida a retornar ao local da primeira aparição da milagrosa santa. O que seria? Naquele momento, nada suspeitava em relação aos motivos disso. Apenas iria seguir a voz da sua intuição com a certeza de estar indo no caminho certo. Esta autoconfiança era fruto de sua inteira confiança na Dama iluminada.

A fim de não ir só, chamou algumas colegas apressada e ansiosa. Por que se sentia daquela forma mesmo já tendo uma experiência anterior já consolidada? A explicação plausível era sua totalmente sensibilidade á emoções sobrenaturais. Dando pulos feito gato, ela e suas companheiras percorrem distâncias rapidamente. A pressa é tanta que mal podem ver o sol iluminado, as nuvens brancas a passear no céu, o vento forte e persistente batendo sobre os ombros com uma voz fininha chamando-as de longe.

O ar de mistério envolvia completamente a expedição. A quebra acontece ao atingir o ponto desejado. O que elas veem? Olhando para cima, observam passar duas pombas brancas. Um pouco mais acima, um comboio luminoso se aproxima em alta velocidade semelhante a figura da sagrada família. O grupo fica expectante. De dentro do prospecto, surge a imagem da Rainha dos céus tão bela quanto da outra vez. Ao se aproximar mais, ela pede:

"Você deve ser boa, obediente, sincera, rezar bem e ser respeitosa com o próximo. Entre os seus 14 e 15 anos, você se tornará madre Sacramentada. Sofrerá muito, mas não desanime, porque depois virá comigo ao Paraíso.

Ao dizer isso, abriu os braços e a abençoou. Foi se elevando até sumir completamente no horizonte deixando um rastro de tristeza e saudades. Como era bom ficar diante da santa Mãe participando de momentos tão especiais. De comum acordo, as garotas iniciaram o caminho de volta mais tranquilas. No meio do caminho, encontraram um amigo que forçosamente provocou uma parada.

"Onde vocês estavam, garotas? "Perguntou o rapaz.

"Viemos do campo. Acabamos de ver Nossa Senhora! "**Afirmou Adelaide**

"Volte lá ainda para ver se ela aparece de novo e pergunte se eu poderei ser sacerdote consagrando minha vida a ela "**Solicitou o amigo.**

"Está bem" Concordou Adelaide.

Enquanto a vidente se afastava, eles descansaram no meio da estrada aproveitando o tempo ocioso para papear um pouco. Adelaide era mesmo uma companheira admirável, bondosa e prestativa. Não havia melhor pessoa a ser escolhida pela mãe de Deus para ser sua confidente na terra. A prova disso era seu engajamento social pelo próximo e sua intensa entrega ao apostolado cristão. Todos sentiam orgulho dela.

Concentrada em seu objetivo, a serva andava rapidamente por aquelas estradas reais. Nem mesmo o cansaço era empecilho para que cumprisse sua promessa. Sua alegria vinha exatamente do fato de servir sempre ao outro. Notadamente uma virtude a ser elogiada e abençoada por Deus.

Ao chegar novamente no local das aparições, ergueu seu olhar aos céus esperando com fé uma manifestação divina. Após alguns minutos de espera, suas preces foram atendidas. Como relâmpago, do seu lado apareceu sua pronta advogada.

"**Sim, ele será um Sacerdote Missionário segundo o Sagrado Coração, quando a guerra acabar** "Revelou a venerável Maria.

Com a missão cumprida, esta visão foi sumindo aos poucos. A empregada retomou a jornada indo encontrar com os seus colegas. Contou-lhes o que ouviu e a alegria do moço foi completa. Juntos, retornaram para suas respectivas moradas. Ainda havia mais coisas por fazer durante o dia com a bênção de Deus.

Terceira aparição

15 de maio de 1944

A serva de Deus encontrava-se no mesmo local das outras aparições exercitando seu dom religioso. Cada um destes momentos era considerado sagrado para ela sentindo-se feliz, realizada e preenchida com uma paz interminável. Indiscutivelmente, este era um feito atribuído a sagrada Rainha dos Céus.

Em dado instante, um ponto luminoso e duas pombas brancas se aproximam do local. Com a certeza de que havia algo sobrenatural nisso esta venerável madame concentrou suas atenções nos objetos se aproximando numa velocidade espantosa. De dentro da luz, ela pode contemplar o mistério da sagrada família. Ela pode ver nitidamente as figuras de Jesus e de Maria bem vestidos, luminosos, com feições destacadas, portes imponentes e decisivos. Foi aí que ela iniciou o contato.

"Por favor, minha mãe, peço-vos a cura das pessoas que lhe procuram e também solicito a paz com a consequente fim da guerra.

"Diga a eles que se querem que os filhos se curem devem fazer penitência, rezar muito e evitar certos pecados. Se os homens fizerem penitência a guerra acabará entre dois meses, caso contrário, em pouco menos de dois anos.

"Pois então comecemos a rezar enquanto temos tempo.

"Sim. Irei te ajudar.

As duas cúmplices rezaram juntas uma parte do terço. Lentamente, a imagem da sagrada família foi desaparecendo. Agora, a pequena empregada procuraria divulgar entre os conhecidos e praticar os conselhos dados pela sua mestra. Ainda havia tempo para salvar o mundo da destruição total.

Quarta aparição

<u>16 de maio de 1944</u>

Anoiteceu e a nossa querida amiga voltou ao mesmo ponto. Sem demoras, o ponto luminoso e as pombas voltaram a aparecer com a manifestação de Jesus, José e Maria. A virgem santíssima abriu um largo sorriso e drasticamente mudando suas feições para tristeza disse:

"Tantas mães tem as crianças infelizes pelos seus pecados graves. Não façam mais pecados e as crianças se curarão.

"**Quero um sinal vindo de ti visando satisfazer o desejo das pessoas.**

"Também **isto acontecerá a seu tempo. Reze pelos pobres pecadores que precisam das orações das crianças.**

Observando o horizonte, a Imaculada suspirou e foi se elevando aos olhos da devota. Mais uma etapa havia sido cumprida com sucesso perante Deus e pelo mundo.

Quinta aparição

<u>17 de maio de 1944</u>
Cumprida suas obrigações do dia, a nossa irmã em cristo se dirigiu novamente ao local das aparições à espera de mais um encontro. Não demorou nada e já aparecem o ponto luminoso, Nossa Senhora e oito anjos. Ela se dispôs ao contato.

"**Vim lhe** confiar um segredo. Daqui a um tempo, a paz voltará a terra com a presença do meu divino filho restabelecendo a união entre os homens. Ele deverá nascer no Brasil dentro duma realidade de miserabilidade enfrentando os maiores preconceitos existentes na sociedade. Ele vem vindo trazer a luz!

"**Como e quando?**

"Ainda não pode ser revelado. Vamos! Diga ao bispo e ao papa o segredo que te confio...Te recomendo de fazer o que eu disse, mas não contar a mais ninguém.

"**Está bem!**

"**Fique em paz!**

A aparição foi sumindo aos poucos e a vidente começou a chorar de emoção e de felicidade pelo mundo ter sido agraciado com outro presente de Deus. Voltando para casa, concluiu suas orações e foi dormir.

Sexta aparição

<u>18 de maio de 1944</u>
No local de sempre, Nossa senhora apareceu juntamente com duas pombas e anjos ao seu redor. Suspirando lentamente disse:

"Oração e penitência. Reze pelos pecadores mais obstinados que estão morrendo neste momento e que machucam o meu Coração.

"Certo. Eu o farei! De qual oração a senhora mais gosta?

"A oração que eu mais gosto é a Ave Maria.

Em seguida, a visão desapareceu. Como forma de homenageá-la, a médium cantou cânticos em sua honra. Sempre era bom agradecer por tudo que estava acontecendo naquele local.

Sétima aparição

19 de maio de 1944

No local de orações, a serva contempla o mistério da sagrada família em mais uma de suas aparições. Viu Jesus, Maria e José completamente unidos e bem vestidos na luz. Além destes, viu anjos ao seu redor. Como era lindo as coisas de Deus em seus ricos detalhes. Ainda não estava acreditando que tinha a honra de ver semelhantes coisas.

"Nossa Senhora, as pessoas me pediram para perguntar se os filhos doentes devem ser trazidos aqui para que possam sarar.

"**Não, não é necessário que todos venham aqui. Aqueles que podem, venham. De acordo com os seus sacrifícios, serão curados ou continuarão doentes, mas não façam mais pecados graves.**

"Podes fazer algum milagre para que as pessoas acreditem?

"Também isto acontecerá, muitos se converterão e eu serei reconhecida pela Igreja. Meditas nestas palavras cada dia da sua vida. Tenha coragem em todas as dificuldades. Você me verá na hora da sua morte, te colocarei embaixo do meu manto e te levarei ao Céu.

Uma fumaça preencheu o ambiente e o vulto da mãe de Deus sumiu. Muito alegre por conta da promessa da santa, Adelaide foi descansar pensando em todos os fatos recentes. Sua fé em Deus aumentava cada vez mais e era um fato a ser comemorado.

Oitava aparição

20 de maio de 1944
Em cima da Pedra, a empregada divina se esforçava em suas orações esperando mais um evento sobrenatural. Atendendo suas súplicas, lhe apareceu a sagrada família novamente unidos pela causa.

"Amanhã será a última vez que te falo, depois por sete dias te deixo pensar bem no que eu te disse. Procure entender bem, porque quando for maior te servirá muito se quiser ser toda minha. Depois destes sete dias voltarei ainda por quatro vezes "Afirmou Nossa Senhora.

"Mas vai me deixar, minha mãe?

"Nunca. Em meu coração sempre haverá um lugar cativo para ti. Estarei todo o tempo ao seu lado espiritualmente sugestionando boas ações.

"Ainda bem. Estou observando vossas mensagens e divulgando o máximo possível entre as pessoas.

"Muito bem. Continue fazendo isso especialmente pelos pobres pecadores. Eis que muitos se perdem por não haver quem se sacrifique ou peça por eles.

"Tem em mim a certeza duma aliada.

"Sei disso. Que Deus te cubra de bênçãos!

Mudando a direção do olhar, a alma da rainha dos céus pôsse a caminho dos céus. A missão do dia estava por assim dizer cumprida.

Nona aparição

21 de maio de 1944
Surgem as mesmas duas pombas de sempre anunciando a manifestação da sagrada família estando no meio da Igreja. Quatro animais se encontravam diante da porta principal: Um

burro cinza, uma ovelha branca, um cachorro branco malhado e um cavalo marrom. De joelhos, os animais rezavam. Dentre eles, o cavalo se levantou e deslocou-se até o campo de lírios onde os pisoteava com perversidade. José o acompanhou e evitou estragos maiores. Voltou então para a porta da Igreja retomando as orações. No caso em questão, o cavalo representa o chefe de família ou facção religiosa. Longe de seus afazeres, provoca ruína e desordem. Voltando a atuar, as coisas se encaminham ao sucesso auxiliado pela mansidão, fé e atitude representados pelos outros animais.

Décima aparição

<u>28 de maio de 1944</u>
Era o dia da primeira comunhão daquela serva devotada de Maria. Foi um momento singular aquele de entregar seu coração a Deus. Mais do que nunca, agora compreendia o significado de sua missão: Lutar pela paz e conversão dos pobres pecadores.

Voltando para casa, reuniu-se no mesmo local e horário de antes apresentando suas ofertas sinceras. Foi quando o ponto luminoso trouxe consigo a mãe de Deus e dois santos, São Lucas e são Judas.

"Reze pelos pecadores obstinados que fazem sofrer o meu Coração porque não pensam na morte. Reze também pelo Santo Padre que passa por maus momentos. Tantos o maltratam e muitos atentam contra a sua vida. Eu o protegerei e ele não sairá do Vaticano. A paz não vai demorar, mas o meu Coração espera aquela paz mundial na qual todos se amem como irmãos. Só assim o Papa sofrerá menos "Recomendou a nossa santa Mãe.

O olhar de Maria trazia serenidade e compaixão pelos erros de sua serva. Do seu lado, duas pombas negras simbolizavam a união da família e o amparo dela por toda a humanidade. Com todos estes elementos, a apóstola se sentia segura em seguir com seus sonhos e propósitos. Fazia isto em honra da santa Mãe e de Nosso Senhor Jesus Cristo. Tranquila, a redentora foi se afastando pouco a pouco até desaparecer completamente. No atual momento, restava a Adelaide descansar de seus trabalhos com muito mais otimismo e esperança do que outrora. A misericórdia havia vencido a justiça.

Décima primeira aparição

29 de maio de 1944

Neste dia, aparece Nossa Senhora acompanhada de anjos usando um vestido vermelho. Nas mãos, carregava as duas pombas negras e no braço estava pendurado o terço. Abrindo um sorriso leve, a rainha dos céus disse:

"Os doentes que querem sarar devem ter maior confiança e santificar os seus sofrimentos se querem ir ao Paraíso. Se não fizerem isto, não receberão nenhum prêmio e serão severamente castigados. Espero que todos aqueles que conhecem minha palavra façam todos os esforços para merecer o Paraíso. Aqueles que sofrerem sem lamento obterão de mim e do meu Filho tudo que pedirem. Reze muito por aqueles que têm a alma doente. O meu Filho Jesus morreu na Cruz para salvar todos. Muitos não compreendem estas minhas palavras e por isto eu sofro.

"Sim, continuarei com as minhas preces em favor dos pobres pecadores "Garantiu a devota.

"Que bom! Fico feliz por elas!

Mandando um beijo, a virgem santa foi se distanciando acompanhada dos anjos e das pombas. Sozinha, a nossa irmã em cristo buscava soluções internas para seus medos e projetos ainda não realizados. A única coisa que lhe restava era a fé em Nossa Senhora e isso por si só já bastava.

Décima-segunda aparição

<u>30 de maio de 1944</u>

Parecia ser um dia como outro qualquer até o exato momento em que a compadecida se manifestou novamente juntamente com anjos voando de um lado para outro. Brilhante como a luz e vestida com um bom gosto admirável, refletia suas mais nobres intenções através do vestido rosa e o véu branco. Após um breve suspiro, se comunicou:

"Querida menina, você é toda minha, mas mesmo estando no meu Coração, amanhã te deixarei neste vale de lágrimas e dor. Você me reverá na hora da sua morte e enrolada no meu véu te levarei ao Céu. Com você também irão todos aqueles que te compreendem e sofrem.

"Mas já? O que será de mim sem minha protetora?

"O que diz? Nunca eu teria coragem de abandoná-la. Estarei presente em todos os momentos seja sugestionando boas ações, confortando suas dores, nas vitórias e nas derrotas. Porém, estarei invisível. É razoável compreender que não pertenço a este mundo e, portanto, não poderá me ver mais.

"Entendo mesmo com o coração entristecido. Dai-me forças, minha mãe.

"Estarei contigo sempre! Uma força maior me chama. Até a próxima!

"Até!

Sozinha, a cristã não teve outra alternativa a não ser descansar pensando em todos aqueles fatos tão reveladores e pesados. Ainda não havia chegado ao fim.

Décima terceira aparição

31 de maio de 1944
Amanheceu. O novo dia trouxe emoções e ações impregnadas com um sentimento de despedida. Nossa querida médium não parava de pensar em sua religiosidade, os motivos de sua missão, as pessoas que a acompanhavam, a fé em Deus e si e sua própria liberdade.
Como boa cidadã, foi cumprindo exemplarmente suas tarefas carregando um peso doloroso invisível. Era como se quisessem arrancar um pedaço do coração e deixa-la sem sentimentos ou alma. Mais do que tudo, se sentia uma pessoa do céu devido a seus valores, crenças, ações, obras e bondade. Seu desejo imediato era voar ao céu e morar com Jesus e sua amada mãe. Seria isso egoísmo de sua parte? Ao contrário do que ela pensava, Deus iria usá-la como instrumento divino de reconciliação com a humanidade envolvida em densa escuridão. A vida dela como também a de outros consagrados era, pois, um marco.
Ao entardecer, recolheu-se com piedade no local de sempre. Seguiu-se uma intensa vigília onde sua entidade adorada apareceu por volta das vinte horas. Sua aparição se deu exatamente como a primeira vez com um aspecto mais feliz, sério, decidido e firme.
"Querida filhinha, sinto muito ter que te deixar, mas a minha hora passou. Não se assuste se por um pouco não me verá. Pensa no que te disse, na hora da sua morte virei de novo. Neste vale de dores, você será uma pequena mártir. Não perca a coragem. Desejo logo o meu triunfo. Reze pelo Papa e diga-lhe para fazer logo porque quero ser zelosa com todos neste local. Qualquer coisa que me for pedido, intercederei junto a meu Filho. Serei a sua recompensa se o seu martírio for alegre. Estas minhas palavras te servirão de conforto na provação. Suporte

tudo com paciência e virá comigo no Paraíso. Aqueles que voluntariamente te farão sofrer, não irão para o Paraíso se antes não tiverem consertado tudo e se arrependido profundamente. Fique alegre, pois nos veremos ainda, minha pequena mártir.

"Oh, como me entristeço e me alegro ao mesmo tempo! Vá em paz, minha santa Mãe. Agradeço este tempo juntos e consequente aprendizado. Não descansarei em minhas orações visando vencer o mundo.

"Com certeza já venceu! Basta manter a fé em meu divino filho e em mim. Orai pelos pecadores e pelos enganadores!

"Sim! Juntas venceremos as trevas!

"Amém! Fique em paz!

Nossa senhora lhe deu um beijo suave em seu rosto e as lágrimas não paravam de cair da Serva. Aos poucos, a figura da mãe de Deus foi se afastando com a certeza de mais um ciclo cumprido. Logo ela voltaria para socorrer seus amados filhos em toda a terra! Viva Nossa Senhora!

PÓS-APARIÇÕES

A notícias das aparições logo se propagou fazendo da pequena jovem uma celebridade. Consequentemente, despertou muita inveja de algumas correntes cristãs. Ela se tornou alvo duma perseguição e por ter tão pouca experiência acabou por coloca-la em contradição frente aos fatos.

O pior cenário foi se desenhando. Praticamente foi obrigada a assinar um termo negativo sobre as aparições pesando consideravelmente no processo de reconhecimento dos fatos relatados. Não derrotada, ela tentou seguir a vida religiosa ao adentrar no convento ao completar quinze anos. Novamente, as forças das trevas lhe prejudicaram o que resultou em sua expulsão da instituição.

Mesmo assim, a jovem não se deixou abater. Casou-se e mudou para Milão onde cuidava dos pobres, doentes, órfãos e viúvas sendo um verdadeiro exemplo cristão. Em verdade, nenhuma força da terra seria capaz de lhe impedir sua felicidade. Já mais para frente, reafirmou os fatos acontecidos diante das autoridades. O mundo teria que saber da pronta disposição de Maria em ajudar seus filhos e ela era a prova viva disso.

Nossa Senhora de todas as nações
Amsterdam-Holanda (1945-1972)

UM POUCO SOBRE A VIDENTE

Nascida aos 13 de agosto de 1905, em Alkmaar na Holanda, Ida Peerdeman era a mais nova dentre cinco irmãos. Desde o nascimento, infância e juventude que ela demonstrava uma adorável sensibilidade humana com as outras pessoas. Além disso, era educada, responsável, trabalhadora, amável, religiosa e exercitava a prática do bem. Não é à toa que foi escolhida por nossa mãe dos céus para ser sua porta voz entre os homens. Foram diversas aparições aos longos de anos e a fim de não alongarmos muito vamos aos principais pontos deste evento.

SOLICITAÇÕES DA RAINHA DOS CÉUS

- Rezar esta oração: "Senhor Jesus Cristo, Filho do Pai, envia agora o teu Espírito sobre a Terra. Faze habitar o Espírito Santo nos corações de todos os povos, a fim de que sejam preservados da corrupção, da calamidade e da guerra. Que a Senhora de todos os povos, que uma vez era MARIA, seja a nossa advogada. Amém."
- Que ela seja tratada pela humanidade como corredentora, medianeira, advogada, caminho, exemplo e mãe fraternal.
- Seu título em relação a esta aparição seria: "Senhora de todos os povos."

- A cruz deve ser o maior símbolo do Cristianismo em todos os sentidos.
- Praticar e propagar a devoção do Rosário incessantemente.
- Que as pessoas façam penitência, analisem suas falhas, corrijam-nas com a firme resolução de mudança para melhor.
- Que os eclesiásticos deem um bom exemplo de forma que seus frutos sejam visíveis a todos. Em verdade, o bom fruto vem apenas das árvores boas.
- Não há outra forma de combater o mal senão através do bem. Os cristãos devem se unir ao redor da cruz bendita e de sua mãe compassiva a fim de que possam vencer o mal.
- Os homens devem procurar um relacionamento com Deus completo, transparente e digno. Seguir os mandamentos e leis divinas em especial aquele que resume todos os outros: Amar a Deus sobre todas as coisas, ao próximo como a ti mesmo.
- Mostrar uma efetiva atuação como apóstolo do bem através dos pilares: Justiça, amor, misericórdia, caridade, compreensão, solidariedade, bonança, fidelidade, fé, tolerância e igualdade.

MENSAGENS PRINCIPAIS
- Não queiram me pedir sinais. Isto é uma tentação. Não há prova maior do que minhas próprias palavras.
- É chegada a hora do espírito santo vir sobre toda a humanidade.
- Virão tempos difíceis sobre a face da terra. Tempos de inquietação, turbulência, mentiras, perversidade, subversão, paganismo, descrença, perseguição aos cristãos e pessoas querendo dominar o mundo.

- A corrupção é quem provoca a decadência do mundo.
- Os homens ainda não perceberam quão mal está o mundo.
- Querem aniquilar as religiões duma forma que ninguém perceba.
- A apostasia está se espalhando pelo mundo.
- Há muitos falsos profetas que ao invés de ajudar o cristo estão servindo aos propósitos de satanás.
- Cada vez mais, Satanás corrompe o mundo com suas seduções.
- As pessoas andam mais preocupadas com coisas materiais do que com sua própria salvação.
- A juventude carece de orientação e estímulo de modo a cultivarem os bons valores e seguir uma vida religiosa idônea.
- Maria foi enviada pelo senhor dos exércitos a fim de socorrer seus filhos. Por isso é chamada de "Senhora de todos os povos".
- Diante de Deus e de Maria, os fiéis se juntam com a certeza do poder de Deus e em consequência da proteção celestial.
- Os cristãos devem se unir em torno da figura de Jesus Cristo, pois é o único que pode salvar.
- Mais do que orientação, os jovens precisam de sua ajuda e compreensão.
- O objetivo das aparições é alertar os pecadores para que se emendem, consigam o perdão dos pecados e se salvem.
- Somente se entregando ao Messias é possível que alcancemos a paz.
- Creia em Deus e em seu filho e então a paz permanecerá com vocês.

- Fazei penitência pelo mundo. Dessa forma, a salvação chegará.
- As leis divinas e suas atualizações valem em todas as épocas como se fossem novas.
- O pai e o filho enviaram Maria como corredentora, mediadora, advogada e mãe de toda a humanidade.
- Os povos do mundo não encontrarão a paz até que se submetam a cruz.
- O senhor escolhe os mais fracos e puros para as missões maiores.

Medianeira de todas as graças

Marienfried-Alemanha-1946
Local: Perto de Neu-Ulm

PRIMEIRA APARIÇÃO

25 de abril de 1946

Ouve-se um trovão, em seguida Maria aparece feito relâmpago diante da vidente Barbara Reuss. Com um olhar triste e complacente, começou o contato.

"Lá onde reina a maior confiança e onde se ensina aos homens que eu posso fazer tudo, lá espalharei a paz. Depois que todos os homens acreditarem em meu poder, a paz reinará. Eu sou o signo de Deus vivo. Eu imprimo o meu sinal na fronte dos meus filhos. A estrela o perseguirá, mas ele vencerá a estrela.

"Quem é você? "Indagou a jovem.

"Se eu não tivesse este véu, tu me reconhecerias. Sou a medianeira de todas as graças.

"Certo! O que desejas?

"Vim transmitir a paz de cristo.

"Porque então se apresenta triste?

"Meus filhos andam me esquecendo. Por isso estou de luto.
"Quais as consequências disso?
"Não conseguirão chegar diante de Deus.
"O que podemos fazer então?
"Orai por todos os pecadores. Agindo assim, minha graça permanecerá contigo a todo o momento.
"Farei isso! Obrigada!
"Fico feliz! Agora tenho que ir! Ficai com Deus!
"Amém!

A linda senhora mudou a direção do olhar e foi se elevando em seguida. A primeira parte da missão estava por assim dizer completa.

SEGUNDA APARIÇÃO

25 de maio de 1946

No mesmo local de sempre, manifestou-se a providência divina novamente. Os olhares das duas mulheres se cruzaram num momento de cumplicidade total. Havia algo a ser dito entre elas.

"Eu sou a grande Medianeira das Graças. Do mesmo modo que o mundo não pode encontrar a Misericórdia junto ao Pai, a não ser pelo sacrifício do filho, assim vós não podeis ser ouvidos pelo meu Filho, a não ser através de minha intercessão. CRISTO é pouco conhecido, porque Eu não sou conhecida. O Pai derramou o cálice da sua ira sobre os povos, porque estes recusaram o seu Filho. O mundo foi consagrado ao Meu Coração Imaculado, mas esta consagração tornou-se para muitos uma terrível responsabilidade. Eu peço ao mundo para que viva esta consagração. Tende uma confiança ilimitada no Meu Coração Imaculado. Crede-me. Eu posso tudo junto de Meu Filho. Colocai no lugar do vosso coração manchado pelo pecado, o Meu Coração Imaculado, e então serei. Eu que atrairei a força de Deus, e o amor do Pai reproduzirá novamente em vós a imagem perfeita de CRISTO. Escutai o Meu pedido a fim de que CRISTO possa logo reinar como Rei da Paz. Rezai e sacrificai-vos pelos pecadores. Oferecei, por meu intermédio, a vós mesmos, e toda a vossa ação ao Pai. Colocai-vos totalmente a Minha disposição. Rezai o Rosário. Não solicitem somente bens materiais. Agora se trata de rezar por algo que vale muito mais. Não espereis milagres. Eu quero agir ocultamente como a grande Medianeira das Graças. É a paz do coração que eu vos desejo conceder, se fizerdes o que vos peço.

Dito isto, a virgem sorriu e desapareceu. Sozinha, a serva reunia os elementos obtidos e os ligava a sua missão pessoal. Ainda havia tempo a agir em prol do mundo.

MENSAGEM DA TERCEIRA APARIÇÃO
25 de junho de 1946

"Oferecei muitos sacrifícios. Fazei da vossa prece um sacrifício. Não sejas egoístas. O que vale é só isto: Oferecer ao Eterno Glória e expiação. Se ficardes completamente à Minha disposição, em tudo, providenciarei eu. Carregarei os Meus filhos amados de cruzes pesadas, porque eu o amo no Meu Filho imolado. Vos peço: estejais prontos a carregar a cruz, a fim de que venha logo a paz".

Nossa Senhora Rainha de Turzovca
ESLOVÁQUIA-1958

Matus era um guarda florestal. Criado sem mãe, aprendeu sozinho os fundamentos do cristianismo e decidiu segui-lo. Ele era um homem simples, temente e com muita fé em Deus e em Nossa Senhora.

Em 01 de junho de 1958 estava fazendo a ronda rotineira em Okruhla, uma serra próxima de Turzovka. Além do trabalho em si, adorava passear, escutar o canto dos pássaros, sentir o calor do sol e a brisa fria batendo no seu rosto. Junto à natureza, se sentia mais próximo do divino. Assim que chegou no lado da montanha nomeado Zivcak (O retrato), ele aproveitou a chance para orar diante da imagem de Nossa Senhora do Perpétuo Socorro debaixo dum pinheiro.

Iniciou as orações do pai-nosso e a ave-maria. Porém, antes de terminar, foi surpreendido por uma manifestação divina. Como se fosse um flash de luz, a imagem duma mulher apareceu flutuando diante dele. A bela figura tinhas as mãos dobradas e usava uma coroa brilhosa. Seu cabelo era comprido, usava uma cinta azul e ao lado dos pés havia rosas perfumadas. No seu braço direito, carregava um rosário.

A senhora caminhou um pouco e Matus a seguiu. Num campo de rosas brancas, a cerca se encontrava danificada. A mulher apontou em direção a um martelo e pregos. O vidente então entendeu que devia consertá-la. Horas a fio, ele trabalhou neste serviço. Ao concluí-lo, a dama mostrou um dos seus mais belos sorrisos. Estendendo o braço, o servo tocou no rosário e instantaneamente sentiu vontade de praticar aquela devoção mesmo sem ainda conhecê-la.

A senhora mudou a direção do seu olhar para a árvore em que se abrigava sua imagem. Nela, o médium pode ver uma tela mostrando os territórios do mundo. Com os países representados por várias cores, o verde significava "Agradável a Deus" e o amarelo representavam as nações desertoras. Num instante, o mundo parecia estar queimando. Foi quando a seguinte mensagem apareceu: "Arrependei-vos! Ore por sacerdotes e religiosos! Rezem o Rosário!".

Matus ficou assustado e então olhou para sua senhora. Por sua vez, ela lhe pediu para ele observar um pouco acima dela. Foi quando um estrondo aconteceu e o céu clareou como relâmpago surgindo dos céus a figura do próprio cristo. Ele veio com majestade e autoridade. Usava uma túnica branca e uma capa vermelha. Do lado esquerdo, carregava uma cruz e se podia ver claramente o seu coração sagrado ao centro do peito castigado pelos pecados humanos. Do seu interior, saíam três raios ressuscitadores. Atordoado com tantas emoções, o guarda desmaiou.

Minutos depois, acordava devido ao forte som de sinos proveniente da Igreja mais próxima pois era a hora do Angelus. Ele sentou-se pensando em todos os fatos por alguns instantes. Instintivamente, pegou o rosário deixado pela dama e pôs-se a rezar inspirado por uma força maior. Ao terminar este exercício, tudo pareceu mais claro conforme seu próprio depoimento transcrito abaixo: *"Depois da aparição, senti uma grande infusão de fé. Primeiro de tudo, eu tive que fazer as pazes com as pessoas que eu tinha entrado em conflito comigo. Eu gostaria de ter evitado isso, mas senti que tinha que fazer isso. Depois de voltar da montanha nessa mesma noite fui para implorar o perdão de todas as pessoas em Turzovka e da área circundante. Eu fiz isso como se contra a minha própria vontade. E me levou até tarde da noite. As pessoas ficaram surpresos, alguns riram de mim, outros achavam que eu tinha enlouquecido. No dia seguinte, pela manhã, fiz confissão e fui para a comunhão. Daquele momento em diante, eu fui curado de todas as minhas doenças. Em primeiro lugar, da tosse pesada que tinha e que me incomodou por muitos anos e que os médicos diziam ser incurável".*

Depois deste dia, houve ainda mais seis aparições de Nossa Senhora ao vidente. Cada visão trouxe uma mensagem importante para a humanidade. Com a divulgação dos fatos, muitos invejaram sua condição e orquestraram contra ele uma traição. Ele acabou sendo preso pelos comunistas e tido como louco. No hospital psiquiátrico, sofreu eletrocussão, hipnotismo, cura química e interrogatórios constantes. No entanto, sua fé em Deus e Nossa Senhora permaneceu intacta.

A FONTE MILAGROSA DE OKRUHLA

Um homem chamado Jaroslav Zaalenka teve um sonho com uma mulher bonita lhe pedindo para ir até a montanha de Okruha e Cavar. Após três dias, ele foi cumprir este pedido. Subindo as trilhas íngremes do local, ele se perguntava se estava em juízo perfeito por seguir a recomendação dum sonho. Era uma subida penosa, cansativa e teria que valer a pena.

Ao atingir o topo, ele escolheu um local rochoso para cavar. Logo no começo, apareceu a bela senhora que lhe indicou o local correto desaparecendo logo em seguida. Seu trabalho foi recompensando com a descoberta duma fonte de água límpida. A notícia se espalhou e as pessoas que tomavam da água ficaram instantaneamente curadas de seus males. Foram relatadas curas de câncer de pulmão, cegueira, paralisia entre outros. Concretizou-se, pois, a seguinte profecia: *"Em poucos anos, você terá outra Lourdes, na Eslováquia, onde você vai em peregrinação"*.

Virgem de Cuapa
CUAPA-NICARÁGUA-1980

Bernardo Martinez era o encarregado da capela de Cuapa. A partir de março de 1980, cousas estranhas começaram a acontecer ao seu redor. Vamos aos fatos: Por diversas vezes, este servo de Deus encontrou luzes acesas na capela e outra vez viu a imagem da santa iluminada. Ao investigar os casos, não encontrou explicações plausíveis para os mesmos. Foi aí que ficou mais confuso ainda com várias suposições passando por sua mente.

Certo dia, contou sobre o ocorrido a algumas pessoas pedindo-lhe discrição. Isso foi em vão pois logo muitas pessoas sabiam do fato. A notícia chegou aos ouvidos do pároco da cidade que se interessou pela história e foi ter com ele a fim de solucionar algumas dúvidas.

"É verdade o que falaram sobre as manifestações aqui na Igreja?

"Sim. É tudo verdade, padre.

"Conte-me tudo.

"Por diversas vezes encontrei luzes acesas na Igreja sem nenhuma explicação. Em outra oportunidade, vi a imagem da santa iluminada.

"Certo. O que você reza?

"O rosário e três ave-marias. Desde criança, minha avó me ensinou ser devoto de Nossa Senhora.

"Pode perguntar a virgem o que ela quer de nós? E se possível se manifestar claramente?

"Posso tentar.

"Obrigado. Minhas orações estarão com você, filho.

"Agradeço.

"Agora tenho que ir. Qualquer novidade, avise.

"Sim.

O padre retornou à cidade para cumprir suas obrigações enquanto o vidente ficou pensando em seu pedido. Como faria agora? A última coisa que queria era complicações. Por isso, assim que pode rezou assim:

"Mãe Santíssima, por favor não peça nada de mim. Eu tenho muitos problemas na igreja. Faça seus pedidos a outra pessoa, porque eu quero evitar mais problemas. Eu tenho muitos, no momento. Não quero mais outros".

Passou-se um pouco de tempo e a história sobre a imagem ficou esquecida. Quanto a Bernardo, continuava em suas orações diárias. Interiormente, a virgem santa lhe preparava para sua missão de ser porta-voz de suas mensagens.

A PRIMEIRA APARIÇÃO

Era início de maio. Nessa época, Bernardo enfrentava uma crise interna devido à falta de dinheiro, problemas profissionais, religiosos e espirituais. Tudo isso ocasionava uma forte depressão e em consequência faltava motivação para realizar as atividades corriqueiras do dia a dia. Vivia "Uma Noite escura perversa" sem perspectiva de soluções imediatas.

Pensando nisso, seu espírito solicitava um grito de liberdade. A única saída que lhe veio à mente foi passear e pescar no rio pois isso sempre foi uma atividade prazerosa e relaxante para ele. Assim o fez. Levantou cedinho carregando um saco e um facão. No caminho, seu pensamento estava ligado complemente com a natureza e com as sensações provocadas. Tudo era bem revigorante e prometedor: O sol quente, a brisa fina, as pedras do caminho parecendo falar com ele, os espinhos, os garranchos, as árvores, a montanha e suas adversidades. Estar a caminho dali era semelhante com a tarefa dum jovem sonhador Brasileiro o qual nunca desistia dos seus sonhos. Ainda que não tivesse consciência disso, a situação era praticamente a mesma.

Ao chegar no rio, se entregou a distração. Tomou banho, pescou e descansou naquelas águas límpidas dadas por Deus entendendo um pouco do mistério divino. Como era bom viver aquele momento desopilante. Nenhum problema lhe afligia naquele instante isto sendo creditado a um milagre da Rainha dos céus.

Chegou à tarde e o êxtase era tão grande que o homem não sentiu fome ou quaisquer necessidades. Pouco depois, começou a chover tendo ele que se abrigar debaixo duma árvore. Ocioso, começou a rezar o rosário. Quando o tempo melhorou, foi a uma mangueira comer frutas, cortou um galho no mato e foi até outras árvores pegar frutos. Quando percebeu, já eram três horas da tarde. Nesse instante, uma angústia lhe percorreu o coração por saber de suas obrigações na cidade. Que pena! Estava tão feliz ali junto a natureza parecendo que o resto não importava em absoluto.

Caminhando em direção a outro ponto viu um relâmpago. Será que ia chover? O tempo não dava sinais disso e isso o impressionou ainda mais. Mais à frente, o fenômeno se repetiu. Na tela de sua mente, aparece a figura duma mulher bela e majestosa. Vejamos a descrição exata do vidente sobre o ocorrido:

"Havia uma pequena árvore de Norisco sobre as rochas e sobre aquela árvore estava a nuvem, era extremamente branca. Soltava raios em todas as direções, raios de luz como o sol. Na nuvem estavam os pés de uma linda senhora. Seus pés estavam descalços. O vestido era longo e branco. Ela tinha um cordão celestial em torno do peito. Mangas longas. Cobrindo-a estava um véu de uma cor creme pálido com bordados dourados nas bordas. Suas mãos estavam postas juntas sobre o peito. Parecia como a imagem da Virgem de Fátima. Estava imóvel."

Diante do inusitado, o homem se sentia surpreendido. Milhares de pensamentos desconexos passavam na sua cabeça apontando os possíveis motivos daquilo. Pensando ser um sonho, ele tapa o rosto com as mãos. Mas ao retirá-las, a estranha figura permanecia no mesmo local a fitá-lo. Então se convenceu da veracidade dos fatos. Em seguida, a mulher estendeu os braços em sua direção e dela emanaram raios de luz fortíssimos. A sensação provocada por essa ação deixava o vidente perplexo. Se sentia com uma paz indescritível, confiante e cheio de felicidade nunca dantes experimentada. Necessitava, pois, investigar os fatos mesmo diante do medo congelante agora provocado.

"Qual o seu nome?
"Maria.
"De onde você vem?

"Eu vim do céu. Sou a mãe de Jesus.

"O que a senhora quer?

"Eu quero que o Rosário seja rezado todos os dias.

"Sim, nós estamos rezando. O padre trouxe para nós as intenções da paróquia de San Francisco para que nós possamos unir a eles.

"Eu quero que seja rezado permanentemente, na família incluindo as crianças que tiverem idade o suficiente para compreenderem, para ser rezado numa hora em que não houver problemas com o trabalho da casa.

"Como quer que o rezemos?

"O senhor não gosta de orações feitas correndo ou mecanicamente. Rezem o Rosário com a leitura de citações bíblicas e ponham em prática a palavra de Deus.

"Como? Onde estão as citações bíblicas?

"Procure no livro sagrado com sabedoria. Você vai achá-las.

"Qual é o maior mandamento?

"Amem-se uns aos outros. Cumpram com suas obrigações.

"Certo! Minha querida rainha, como podemos alcançar a paz?

"Façam a paz. Não peçam a paz a Nosso Senhor porque se vocês não a fazem não haverá paz.

"Entendi! Como obter vosso auxílio e graça?

"Renovem os cinco primeiros sábados. Vocês receberam muitas graças quando todos faziam isso.

"Antes da guerra costumávamos fazer isso. Íamos à confissão e comunhão todo primeiro sábado do mês, mas como o Senhor já havia nos libertado do derramamento de sangue em Cuapa, não continuamos com essa prática.

"A Nicarágua sofreu muito desde o terremoto. Ela está ameaçada com ainda mais sofrimento. Ela continuará a sofrer se vocês não mudarem.

Maria fez uma pausa. O seu olhar sério mudou para um semblante de tristeza rapidamente. Então ela continuou:

"Rezem, rezem meu filho, o Rosário, pelo mundo todo. Diga aos crentes e não crentes que o mundo está ameaçado por graves perigos. Pedi ao Senhor que abrande Sua justiça, mas, se vocês não mudarem, apressarão a chegada da Terceira Guerra Mundial.

"Senhora, eu não quero problemas; tenho muitos na igreja. Diga isto para outra pessoa.

"Não, porque Nosso Senhor o escolheu para dar a mensagem.

A virgem fez sinal que ia partir. Foi quando o servo lembrou de algo importante.

"Senhora, não vá porque quero ir contar à Sra. Consuelo porque ela me disse que queria vê-la.

"Não. Nem todos podem me ver. Ela me verá quando a levar ao céu, mas ela deve rezar o Rosário como pedi. Fique em paz! Até a próxima!

"Até!

A nuvem levantou voo e com ela levou a figura da santa. A sós, o devoto mariano partiu dali iniciando o caminho de volta para a cidade. Seria uma ótima chance para que refletisse sobre os conselhos da iluminada. Entretanto, interiormente, já havia tomado uma decisão séria: Não contar a ninguém o que viu e ouviu ali. Isso demonstrava um pouco de egoísmo da parte dele, mas também fazia parte dum mecanismo de proteção interno. O que diriam os outros? Como dar crédito a um simples encarregado? Era temerário para sua segurança revelar este segredo agora.

Chegando à cidade, rezou o Rosário na capela e voltou para casa no completo silêncio. Entretanto, a cada momento que passava sua consciência pesava e uma onda de tristeza percorreu seu Coração. Recolhido no seu quarto em oração, recebeu a mensagem divina de que deveria contar. Insistente, voltou a rezar o Rosário pedindo a iluminação do pai criador sobre os fatos. Nesse momento, o medo de ser perseguido era maior do que a própria mensagem Mariana.

Passou-se um tempo e ele seguiu com sua rotina. Apesar de tentar se distrair, nada lhe provocava graça pois sempre estava aquela voz interior insistindo para que contasse sobre a aparição. Era quase como uma perseguição no bom sentido. Conquanto, sua teimosia permanecia com ele tentando aparentar ser forte quando na verdade se encontrava à beira dum ataque nervoso. Quantas vezes não agimos como ele diante dos outros ou de si mesmo? O medo e a incompreensão realmente trancam a alma na pior das cadeias. Faltava a ele um pouco de maturidade ou um sinal do destino que lhe obrigasse.

Certo dia, passeava no campo em busca de um bezerro do seu rebanho. Por mais que andasse, não achava o animal. Já estava desesperado quando o mesmo fenômeno anterior aconteceu diante dele. A Rainha dos céus novamente se achava presente apresentando um semblante mais sério do que da outra vez.

"Por que você não disse o que lhe enviei a dizer?

"Senhora, é que estou com medo. Estou com medo de ser o ridículo das pessoas, medo de que riam de mim, de que não acreditem em mim. Aqueles que não acreditarem nisto, vão rir de mim. Dirão que estou louco.

"Não tenha medo. Vou ajudá-lo, e diga ao padre.

"Está bem!

A aparição sumiu na frente dele feito fumaça. Andando mais à frente, o pastor viu o bezerro e o levou ao rio onde lhe deu água. Depois disso, voltou para casa. Ele se preparou e foi para casa de amigas. Lá, contou todos os fatos. Como resposta, foi repreendido. No entanto, o peso da consciência se dissipou. Graças a Maria, se sentia liberto mais uma vez.

Nos dias seguintes, começou a contar aos conhecidos. Como era esperado, alguns não acreditaram pensando que ele estava louco. Mas só o fato de contar lhe fazia muito bem. Foi aí que ele descobriu a importância e o cerne de sua missão: Ser instrumento para a palavra divina. Quanto aos desafios, era necessário entregar todos os problemas de descrença aos pés de Nossa Senhora onde seu poder solucionaria as confusões. Não havia porque duvidar da santa Mãe de Deus diante de evidências tão claras.

Dias depois, chegou o momento de se reunir com o vigário da paróquia. Na Igreja, ele depôs sobre tudo o que viu e ouviu em relação às aparições. Ao final do relato, o homem de Deus ficou reflexivo e continuou:

"Seria alguém que quer assustar você naqueles morros?

"Creio que não. Até que havia uma possibilidade de fazer isso no rio e nos montes, mas no meio do pasto não é possível por ali ser um campo aberto.

"Poderia ser uma tentação que lhe persegue?

"Não sei porque podia somente falar sobre o que vi e ouvi.

"Vá ao lugar das aparições e reze o Rosário lá. Ao visualizar a aparição, faça o sinal da cruz. Em verdade, sendo coisa boa ou má, nada vai lhe atingir.

"Está bem! Muito obrigado por me escutar!

"Estou à disposição! Vá com Deus!

"Amém!

O pastor se afastou do local iniciando o retorno para casa mais feliz. Finalmente, os antigos bloqueios haviam sido superados com louvor graças aos milagres provocados pela santa. Com fé nela, seguiria seu caminho adiante com a certeza de que daria tudo certo. Graças e louvores a rainha dos céus!

A SEGUNDA APARIÇÃO

Seguindo as recomendações do padre, o vidente e algumas pessoas voltaram ao local das aparições. Chegando lá, rezaram o Rosário. Entretanto, apesar de toda a expectativa, nenhum fenômeno ocorreu. A única saída para o grupo foi voltar para casa totalmente decepcionados. O que havia acontecido? pela primeira vez, o devoto mariano viu suas forças fraquejarem em público.

A resposta às suas inquietações veio através dum sonho noturno. A bela dama se apresentou logo após o relâmpago e era fisionomicamente igual como da primeira aparição.

"O que a Senhora quer, minha Mãe?"

"Eu quero que o Rosário seja rezado todos os dias.

"Tenho alguns pedidos a lhe fazer..............

"Alguns serão atendidos, outros não. Olhe para o céu!

Olhando na direção indicada, o vidente pode ver um grupo de pessoas vestidas de branco indo de encontro ao sol. Resplandecentes e iluminadas, cantavam glórias ao senhor. Era uma festa muito bonita. Mesmo de longe, o expectador podia sentir toda a felicidade dos mesmos. Nossa Senhora então explicou:

"Veja, estas são as primeiras comunidades quando começou o Cristianismo. São os primeiros catecúmenos; muitos deles foram mártires. Vocês querem ser mártires? Você mesmo deseja ser um mártir?"

Mesmo sem ter dimensão do que aquela proposta representava, o servo de Deus respondeu que sim. Devido a sua aceitação, uma nova imagem se apresentou: Um outro grupo numeroso também vestido com a cor branca. Eles carregavam Rosários luminosos entre as mãos e um deles um livro. Enquanto uma lia mensagens, os outros refletiam por alguns instantes. Depois, rezavam o pai-nosso e dez ave-marias. Todos os presentes rezaram juntos o que dava aquela oração um poder fantástico. Ao término desta atividade, a conversação continuou.

"Estes foram os primeiros para quem dei o Rosário. Essa é a forma em que desejo que todos vocês rezem o Rosário.

"Sim. Rezaremos assim.

Uma outra visão se sucedeu. Semelhantes aos Franciscanos, carregavam cada um seu Rosário em oração. Ao término da passagem deles, a virgem comentou:

"Estes receberam o Rosário das mãos dos primeiros."

As visões se seguiram na tela da mente do servo. O que se apresentava agora era uma enorme procissão de todas as raças, cores e etnias. O Rosário era peça comum a ser carregado por eles mostrando a força de Nossa Senhora. Cada um deles refletia a luz divina.

"Senhora, vou com estes porque estão vestidos como eu.

"Não. Você ainda está em falta. Você deve dizer às pessoas o que tem visto e ouvido.

"Está bem!

"Eu lhe mostrei a Glória de Nosso Senhor e vocês a terão se forem obedientes a Nosso Senhor, à Palavra do Senhor; se perseverarem na oração do Santo Rosário e colocarem em prática a Palavra do Senhor.

A visão desapareceu e então o encarregado acordou. No outro dia, ele se encontrou novamente com o padre contando-lhe tudo. Por orientação do mesmo, manteve segredo em relação a estes fatos. Alguns dias depois, a permissão lhe foi dada e então algumas pessoas da vila souberam do ocorrido. A entrada foi bem receptiva. Mais um milagre atribuído à Virgem Santa.

A TERCEIRA APARIÇÃO

O vidente e cerca de quarentas pessoas retornaram ao local das aparições. Foi um momento bem singular e especial onde cantaram, glorificaram e oraram a Deus. Conquanto, a estranha senhora deixou-lhes em silêncio frustrando novamente as expectativas de todos. Restou-lhe como alternativa aos romeiros voltar para casa.

Na quietude do seu lar, o pastor recolheu-se em seu quarto logo adormecendo por conta do cansaço. Nas suas passagens noturnas, veio mensagens em forma de sonho: Ele estava no mesmo local das aparições orando pelo mundo. Seguindo as recomendações da mestra, dedicava-se intensamente ao Rosário em favor dos religiosos cristãos. Durante o ato, lembrou da irmã dum prisioneiro que havia pedido sua intercessão. Decidiu, pois, também rezar por ele.

O servo ajoelhou-se como reverência e ergueu as mãos suplicando pelo rapaz. Em dado instante, ao mudar a direção do olhar viu um anjo próximo das rochas. Ele era jovem, alto, magro e vestia uma roupa toda branca.

"Sua oração foi ouvida "Disse o anjo.

O coração do profeta pulou de alegria. Como assim fora ouvido? Era sabido do poder de suas intercessões, mas aquele caso se mostrava verdadeiramente difícil. Por isso a surpresa.

"Vá e diga à irmã do prisioneiro para ir e consolá-lo no domingo, porque ele está muito triste; para aconselhá-lo a não assinar um documento; que irão pressioná-lo a assinar um papel no qual ele assume responsabilidade por uma soma de dinheiro; ele é inocente. Diga que ela não deve se preocupar, que será capaz de falar com ele sozinha por um longo tempo; que ela será tratada de maneira amigável. Diga para ir segunda-feira no quartel-general da polícia de Juigalpa para completar todos os passos para sua libertação porque ele será solto naquele dia. Diga para pegar 1.000 córdobas porque estabelecerão uma fiança "Continuou o anjo.

"Tenho dois pedidos duma prima a fazer para a virgem santíssima. Os pedidos são relacionados a problemas por causa de vício da bebida do pai e do irmão e problemas no trabalho.

"As pessoas ao redor deles devem ser pacientes com eles, e não devem reclamar quando estiverem inebriados.

"Está bem! Eu repassarei esta mensagem.

"Vá e diga a eles para parar com o vício, para fazê-lo pouco a pouco e que desse modo o desejo os deixará.

"Entendido. Realmente esta é uma boa estratégia.

"Avise seu primo de que ele será assaltado e ficará baleado no pé precisamente no calcanhar esquerdo. Tempos depois, irão matá-lo.

"Essa sentença sobre meu primo não pode ser revogada pela oração de vários Rosários?

"Não. Será assim que ele morrerá, mas se ele ouvir seu conselho sua vida pode ser prolongada.

"E com relação aos problemas no trabalho da minha prima?

"Ela não deve ter medo. Deve ficar firme como está. Não deve deixar seu emprego porque como professora que tem fé em Nosso Senhor ela pode fazer muito bem às pessoas.

"Certo! Como devo me comportar diante destes eventos?

"Não vire as costas aos problemas e não amaldiçoe ninguém.

Dito isto, o anjo desapareceu. No mesmo instante, o vidente acordou. Já era manhã e as ondas de calor do sol atravessavam as frestas da casa chegando até ele. Isso o fazia sentir totalmente renovado e pronto para as surpresas do novo dia.

Com um sorriso aberto, levanta deslocando-se do quarto até o banheiro. Lá, na sua intimidade, conversa consigo mesmo iniciando a limpeza do corpo e da alma. Para alguns, despir-se e lavar-se era apenas uma convecção social. Já para ele tratava-se dum ritual de comunhão com Deus e com sua natureza. Naquele exato momento, não havia porque mentir ou enganar-se com relação a sua missão sendo ela tão importante. Era a vez de refletir, analisar as falhas e traçar o futuro com a certeza de que Deus se encontrava no comando de tudo. Neste, podia confiar cegamente devido nunca o ter deixado sozinho quando mais precisava. Era, pois, grato por isso e em retribuição se esforçava por ser um bom cristão.

Os resultados do que exemplificamos acima mostrava-se em suas ações o que provocava a admiração dos outros. Por ser um modelo, não podia decepcionar seu próprio sangue. Decide confiar a prima o segredo repassado pelo anjo embora corresse o risco de ser considerado um louco. Entretanto, sua única saída era arriscar.

Convicto disso, ele conduz a sessão de limpeza com relativa tranquilidade. O exercício recupera seu otimismo, saúde mental e disposição. Ao término de etapa, estava pronto para encarar os desafios constantes que a vida lhe impusera. Não havia dúvidas de que era capaz de superá-los.

Saindo do banho, volta ao quarto onde enxuga-se, veste uma roupa limpa, penteia os cabelos, usa o perfume favorito e analisa seu perfil no espelho. Teria que estar impecável visando os eventos sucessivos. Os mesmos prometiam ser bastante esclarecedores.

Quando ficou pronto, vai até a cozinha onde prepara e come um lanche rápido. Satisfeito, sai de casa e vai ao encontro de duas pessoas: A irmão do preso e Dona Socorro. Confia a elas seu segredo. Mesmo relutantes, prometem seguir as instruções dada pelo anjo através do sonho.

No domingo, foram visitar o recluso. Sua prima pode ficar a sós com o preso por muito tempo aproveitando para lhe pedir que não assinasse nenhum documento. Ao retornar a Cuapa, solicitou um empréstimo.

Na segunda, conforme anunciado pelo anjo, ele foi solto mediante o pagamento da fiança. Em agradecimento ao aviso, rezaram o Rosário. Esta notícia se espalhou pela região dando uma maior credibilidade a esta série de aparições. Foi como uma recompensa pelo esforço deles.

Dando prosseguimento aos pedidos recebidos na visão, o vidente conversou com seu tio e primo. O primeiro acreditou na mensagem prometendo deixar o vício da bebida. Já o segundo fez pouco caso dos conselhos. O tempo foi passando e as previsões do anjo se concretizaram. Contudo, o coração de alguns permanecia endurecido. Isso prova o amor de Deus mesmo diante da indiferença e frieza do homem.

Dias depois, chegara o momento marcado de reencontro com Nossa Senhora. Na hora combinada, o vidente e seu grupo deslocaram-se até o ponto das aparições. No entanto, desistiram devido à dificuldade de atravessar o rio por ele estar cheio. Que pena! As chuvas e atuais ventos fortes os quais eram as razões do fenômeno no rio ajudavam ao meio ambiente e ao homem do campo. Porém, impediam um encontro libertador. Por isso lamentavam muito de sua parte e contraditoriamente satisfeitos pelo socorro celestial. Estes dois opostos se complementavam e causavam um milagre divino.

Como opção para que não perdessem o passeio, os cristãos se espalharam ao redor das rochas nas margens do rio. A uma só voz, rezaram o Rosário e louvaram o senhor através de Cânticos novos. Nesse intervalo, o volume de água do rio diminuiu um pouco o que possibilitou a travessia do grupo. Porém, a bela dama não se apresentou causando frustração em alguns deles. Naquele instante, teriam que compreender que o tempo de Deus não era o mesmo do deles. Portanto, a única saída plausível era voltar para casa e foi isso exatamente o que fizeram.

Com os sequentes fracassos em ver a virgem santa, a descrença tomou conta de alguns. Entre eles, estava o vigário da paróquia. Contudo, se dispôs a ir ao local das aparições visando averiguar mais profundamente os fatos. E assim aconteceu. Em silêncio, a dupla foi driblando os obstáculos do caminho com uma força nunca dantes vista. Pareciam nunca cansar e estar em completo êxtase. Ao se aproximar do ponto designado, ele mudou a direção do olhar apontando para algo afirmando: "Este é o lugar que estava em meu sonho na noite passada." Uma espécie de felicidade preencheu o coração daquele pequeno pescador reafirmando aquilo em que acreditava: Maria estava presente ali. Aquele sim se tratava dum dia que entraria na história. Satisfeitos, oraram um pouco e depois foram embora cuidar de suas respectivas obrigações. Havia muita coisa a se fazer em prol da obra de Maria.

A QUARTA APARIÇÃO

Era o início do mês de setembro. Juntamente com amigos, o vidente retornou ao ponto das aparições. Assim que chegaram ao local, rezaram o Rosário. Ao final deste exercício religioso, puderam ver claramente um relâmpago. Em sequência, ocorreu mais um. Foi quando a Imaculada Conceição apareceu na nuvem sob uma pequena árvore. Veja como o médium a descreve: *"Ela estava vestida em uma túnica de cor creme pálido. Não tinha um véu, nem coroa, nem manto. Nenhum adorno ou bordado. O vestido era longo, com mangas longas, e tinha um cordão rosa na cintura. Seu cabelo caía até os ombros e era castanho. Os olhos também, embora muito mais claros, quase da cor do mel. Toda Ela irradiava luz. Parecia como a Senhora, mas era uma criança."* Nisso o contato foi iniciado.

"O que a Senhora quer?

"Quero que rezem sempre o Rosário.

"Permita-se ser vista para que todo o mundo acredite. Estas pessoas que estão aqui querem vê-la.

"Não. É suficiente que você lhes dê a mensagem porque para aquele que acredita será suficiente, e para aquele que não acredita, mesmo que me veja ele não acreditará.

"Estávamos pensando em construir uma Igreja em sua honra. O que me diz sobre isso?

"Não. O Senhor não quer igrejas materiais. Ele quer templos vivos, que são vocês mesmos. Restaurem o sagrado templo do Senhor. Em vocês está a satisfação do Senhor.

"Eu desejo melhorar ainda como ser humano. Que valores são essenciais?

"Amem-se. Amem uns aos outros. Perdoem-se uns aos outros. Façam a paz. Não peçam por ela antes.

"O que faço com o dinheiro que me doaram?

"Faça uma doação para uma construção duma capela em Cuapa. Deste dia em diante, não aceite nem um centavo para nada.

"Onde podemos entrar em comunhão com Deus?

"Em si mesmos. A Igreja são vocês mesmos. As coisas materiais se chamam casas de oração.

"Eu devo continuar no catecumenato?

"Não. Não deixe. Sempre continue firme no catecumenato. Pouco a pouco você compreenderá tudo o que o catecumenato significa. Como um grupo da comunidade meditem sobre as beatitudes, longe de todo o barulho.

"Quando devo voltar aqui?

"No dia treze de outubro.

Dito isto, a nuvem se elevou levando consigo a santa. O grupo se despediu do local iniciando o retorno a suas respectivas casas. Iriam cumprir as obrigações faltantes com a certeza de que eram abençoados pela mãe de Deus. Viva Nossa Senhora!

A QUINTA APARIÇÃO

No dia oito, os devotos Marianos compareceram ao local das aparições prestando homenagem a sua mestra. Como sabido, a virgem não lhes apareceu, mas nem por isso deixaram de aproveitar o contato com a natureza aprendendo mais sobre o divino. Após um bom tempo, retornaram para suas casas prometendo voltar em outro dia.

A ocasião se deu no dia treze, onde as pessoas compareceram depois da devoção cotidiana na capela. No local, iniciaram o Rosário e entoaram louvores a Deus. No terceiro mistério, ocorre a formação dum círculo luminoso no chão. A luz vinha do céu e ao direcionar o olhar para cima, viram como se fosse um anel brilhante flutuando sobre eles. Que emoção sentiram as pessoas presentes!

Não demorou muito e seguiu-se o fenômeno dos relâmpagos. Nossa Senhora então se apresentou ao vidente pousando mansamente sobre as flores trazidas pelos romeiros.

"Nossa Senhora está na pilha de rochas sobre as flores "Avisou o vidente.

As pessoas fixaram o olhar na direção indicada. Alguns viram e outros não o que deixou o pastor um pouco contrariado.

"Abençoada seja, minha mãe! Poderia se mostrar aos outros?

"Não! Nem todos podem me ver!

Não satisfeito com a resposta, o pescador insistia.

"Senhora, permita que eles a vejam para que acreditem! Porque muitos não acreditam. Eles me dizem que é o demônio que aparece para mim. E que a virgem está morta e voltou ao pó como qualquer mortal. Permita que eles a vejam, Nossa Senhora!

A reação da rainha dos céus foi instantânea: Levantou as mãos ao peito, empalideceu, seu manto ficou cinza e sua expressão tornou-se triste e desconsolada. Lágrimas começaram a rolar de seu rosto como se fosse um pedido de socorro. Nisso, o seu servo tomou a iniciativa.

"Senhora, perdoe-me pelo que eu lhe disse! Sou culpado! A Senhora está brava comigo. Perdoe-me! Perdoe-me!

"Não estou brava nem ficarei brava.

"E por que chora? Eu a vejo chorando.

"Entristece-me ver a dureza do coração dessas pessoas. Mas você terá que rezar para elas para que elas mudem.

Esta resposta teve o poder dum terremoto devastador desestabilizando as emoções do empregado. Isso ocasionou um choro compulsivo nele. Em meio a este turbilhão de emoções, a santa continuou repassando as mensagens.

"Rezem o Rosário, meditem os mistérios. Ouçam a Palavra de Deus que está neles. Amem-se. Amem uns aos outros. Perdoem uns aos outros. Façam a paz. Não peçam por paz sem fazer a paz; porque, se vocês não a fazem, não é bom pedir por ela. Cumpram suas obrigações. Ponham em prática a Palavra de Deus. Procurem maneiras de agradar a Deus. Sirvam o seu próximo, pois dessa forma vocês o agradarão."

"Senhora, tenho muitos pedidos, mas me esqueci deles. Há muitos. A Senhora sabe todos eles.

"Eles me pedem coisas que não são importantes. Peçam por fé para que tenham a força para que cada um possa carregar sua própria cruz. Os sofrimentos deste mundo não podem ser suprimidos. Os sofrimentos são a cruz que vocês devem carregar. A vida é assim. Há problemas com o marido, com a esposa, com os filhos, com os irmãos. Falem, conversem para que esses problemas sejam resolvidos em paz. Não se voltem à violência. Jamais voltem à violência. Rezem pela fé para que tenham paciência.

"Entendi bem. Cada qual deve aceitar sua cruz!

"Você não mais me verá neste lugar.

"Não nos deixe, minha mãe!

"Não fique aflito. Estou com todos vocês embora não possam me ver. Sou a Mãe de todos vocês, pecadores. Amem-se. Perdoem-se. Façam a paz, porque se não a fizerem não haverá paz. Não se voltem à violência. Jamais se voltem à violência. A

Nicarágua tem sofrido muito desde o terremoto e continuará a sofrer se todos vocês não mudarem. Se vocês não mudarem, apressarão o início da Terceira Guerra Mundial. Reze, reze, meu filho, pelo mundo todo. Uma mãe nunca se esquece de seus filhos. E eu não me esqueci do que vocês sofreram.

Dito isto, se elevou gradativamente aos céus. Ficara como marca a certeza de que Nossa Senhora nunca os abandonaria como ela própria prometeu. Graças e louvores a virgem dos céus.

Nossa Senhora rainha e mensageira da paz

Jacareí-Brasil (1991-2017)

Jacareí se localiza a cem quilômetros de são Paulo. A via de acesso ao local é através da Rodovia BR"116, trecho que liga São Paulo ao Rio de Janeiro.

A cidade é consagrada a Nossa Senhora Imaculada Conceição antes mesmo da proclamação oficial do dogma da Imaculada Conceição. Pela providência divina, foi escolhida para ser a sede de aparições importantes das forças celestes. Bendita seja a Nossa mãe!

PRINCIPAIS MENSAGENS EM JACAREÍ
- Meu filho, Meu filho! É preciso santificar-se. A santidade é um caminho difícil, mas... o seu fim é real e glorioso.
- Venho pedir orações feitas com Amor. Oração que leve os homens a compreender o Amor.
- Concentre-se na oração, viva com humildade.
- Desejo que você me ame cada vez mais, que me ofereça cada vez mais seu coração. Ame a DEUS sobre todas as coisas, perdoe sempre e cada vez mais seus ofensores.
- Dê-me cada vez mais seu coração... Diga a meus filhos que continuem rezando com Amor e Confiança; não percam a Esperança em DEUS!

- Olhe meu Coração, cercado de espinhos e dores... Levo no Meu Coração seus sofrimentos, ofereço-os ao Senhor no Meu Coração.
- Continuem rezando o Santo Terço... Ele é a minha oração predileta, é a corrente com a qual se prenderá satanás, e renovará a face do mundo inteiro!
- Peço que se amem. Vão à Mesa da Eucaristia para receber o Alimento Eterno!
- O Terço deve ser acompanhado de arrependimento! Que haja contrição no coração!
- Meus filhos, desejo-lhes a minha Paz! Rezem! Rezem! Peçam perdão pelos pecadores.
- Rezem com o coração! Abram-se a DEUS e ao seu AMOR!... Vivam felizes e que a Paz encha suas vidas.
- Plantem a Paz em vocês mesmos, e difundam aos outros esta Paz. Eu os amo e quero dar-lhes a Minha Paz do Céu! Eu os abençoo.
- Rezem e vivam a Paz em seus corações. Plantem-na em seus corações e vivam com Amor. Quando se sentirem confusos, rezem, peçam a Luz do Espírito Santo, leiam o Evangelho, e tudo ficará claro.
- Se vocês quiserem me fazer feliz, rezem continuamente pelos pobres pecadores.
- Eu também rezo ao meu Filho Jesus, para que me conceda as Graças necessárias para ajudá-los! Sigam o meu exemplo, e rezem também.
- Vocês não podem alcançar Graças se não rezam! E, quando forem pedi-las, peçam sempre que seja feita a vontade de DEUS, e não a vontade de vocês.
- Satanás está solto no mundo procurando arrastar todas as almas ao pecado e a condenação. A única defesa dos cristãos contra ele é com muita oração e jejum.

• Estou chorando porque os pecados do mundo são muito grandes, e porque os meus pedidos não são atendidos. Muitas almas estão se condenando e um Grande Castigo cairá sobre a face da terra... Rezem muito!

Nossa Senhora Imaculada Conceição Aparecida
RESERVA-BRASIL-1995

Elizete, Juliano, Janaina e Alice eram quatro estudantes da zona rural. Diariamente, uma dupla de estudantes deslocava-se até uma fonte onde iam lavar as louças da merenda. Numa dessas ocasiões, a jovem Elizete surpreendeu-se ao ver uma luz muito linda e dela sair um homem. Vendo que a menina se assustara, ele a tranquilizou:

"Não tenha medo! Meu nome é Gabriel, o anjo da paz. Volte aqui daqui a três dias e terá uma surpresa. Não conte a ninguém sobre isso!

"Entendi! Está bem!

O anjo desapareceu e a jovem voltou para a escola indo concluir a aula do dia. Conforme combinado, ela retornou na data especificada. Viu novamente a luz só que em forma de Nossa Senhora aparecida. Curiosa, tentou tocar na imagem. Nisso ela moveu-se! Com medo, se afastou. Foi quando ouviu:

"Não tenha medo! Eu sou a mãe do céu, a mãe de Jesus!

Mesmo assim, não teve coragem de voltar. A partir desse dia, ela passou a agir estranhamente o que chamou a atenção de sua professora. Confiando nela como amiga, revelou o segredo e a partir daí alguns jovens se reuniam indo rezar no local das aparições.

Iniciou-se uma série de visões onde a Rainha dos céus se apresentou a várias pessoas.

PRINCIPAIS MENSAGENS EM RESERVA

- Queridos filhos não assistam novelas, programas de terror, filmes e desenhos. Cuidado! O inimigo tem muitos planos para destruir as famílias e isso me deixa muito triste. Amo muito vocês. Não acompanhem a moda. Rezem por aqueles que só pensam nas coisas deste mundo. Abençoo a todos. Amém.
- Jesus está feliz com as pessoas que rezam, tem fé e pedem. Convido vocês para estarem um dia comigo no paraíso, a morada de Deus. Meus filhos, em nome do meu Filho Jesus, agradeço por todos que rezam o Rosário nesse lugar, e peço para que rezem por aqueles que não rezam. Só o Espírito Santo iluminará vocês para chegarem cada vez mais perto de Deus. Meus filhos, quando Jesus voltar não quer encontrar seus filhos nos vícios, renunciem ao fumo, álcool e drogas. É pela oração que sereis libertos. Jesus quer salvar todos do pecado, Ele morreu na cruz para salvar a todos e continua curando e libertando de todo o mal. Agradeço e abençoo a todos. Amém.
- Queridos filhos a volta de meu filho Jesus está muito próxima, quando Ele voltar que seus filhos estejam preparados, não dormindo na fé. Filhos, Jesus vai derramar o Espírito Santo sobre vocês. Rezem e peçam. Cuidado com satanás para não destruir meus planos. Deixem sempre o coração aberto para Jesus entrar. Amém.
- Queridos filhos peço mais uma vez rezem o Rosário; satanás não chega perto de quem reza comigo. Sejam fortes estarei sempre com vocês nas provações. Vos abençoo. Amém.
- Filhinhos obedeçam a seus pais. Meus filhos, no fim meu coração triunfará. Rezem, Rezem. Amém

- Rezem por aqueles que pedem orações, pelas crianças da rua e pelos doentes, abençoarei a todos. Rezem, rezem este é o meu pedido.
- Filha querida vai sempre na catequese, nas missas, você terá sempre a minha proteção. Agradeço a todas as pessoas que rezaram ontem mil Ave-marias. Obrigada pelos sacrifícios, orações que fizeram e ofereceram para mim e para meu filho Jesus. Para todos minha benção materna e iluminação do Espírito Santo. Amém.
- Queridos filhos o Sagrado Coração de Jesus é a fonte de todo amor. Rezem e se consagrem todos os dias ao Seu Coração. Amém.
- Queridos filhos eu sou a Rainha da Paz, a Mãe de todos vocês. Apressai, apressai na conversão; rezai, rezai pela conversão dos pecadores. Desejo a paz para todos. Amém.
- Filhos vim na terra para pedir que rezem e, ensinar a todos rezar especialmente o Rosário que é minha oração simples. O meu amor por vocês é tão grande. Abençoo-vos. Amém.
- Queridos irmãos acolhei a minha mãe, acolhei a mim. Os meus levarei comigo um dia. Amém.
- Filhos amados, peço oração, penitência e jejum pela conversão dos jovens. Amém. Dou a minha paz.
- Queridos filhos sejam sempre felizes Jesus está sempre com vocês nas provações. Sejam obedientes e rezem. Filhinhos rezem nesse tempo de carnaval, meus filhos ferem meu coração e o coração de meu filho Jesus. Nesses dias rezem mil Ave-marias em reparação dos pecados cometidos. Amém.
- Queridos filhos, eu vos desejo a paz. Vivam na caridade e no amor. O amor é a luz da conversão. Filhos, Jesus é

o caminho da luz, meu desejo é que todos se salvem do pecado. Rezem filhinhos.
- Hoje mais uma vez convido a todos a conversão, façam penitências, orações e jejum nas quartas e sextas-feiras. Escolhi vocês filhos para vós pedir: Rezem, rezem, rezem.
- Filhos queridos estou vindo do céu a terra para salvar os meus filhos. Sou a Padroeira do vosso Brasil, a vossa Mãe Imaculada Conceição Rainha da Paz.
- Irmãozinhos o meu amor é tão grande por vocês. Desejo a cada um, a minha paz o meu amor. Derramo em seus corações a minha paz. Amém.
- Queridos filhos convido-vos para aceitar a paz e rezar pela paz. Amém.
- Queridos filhos Jesus é a luz do mundo. Vivam na caridade e no perdão. Façam tudo que vos peço e sejais santos como vosso Pai do Céu é Santo. Amém.
- Sejam como crianças no meu colo. Amem a Deus, amem ao próximo e perdoem –se como irmãos. Nesse dia especial quero pedir para apressar na conversão. Façam penitências, jejuns e orações. A volta de Jesus está próxima. Abençoo-os. Amém.
- Queridos filhos estou no meio de vocês, peço para que rezem pelo Papa João Paulo II, pelos Bispos e pelos Sacerdotes. Darei a paz para todos. Amém.
- Filhos queridos rezem, rezem, rezem. Jesus morreu na cruz pelos pecadores. Meditem sobre o sofrimento e morte de Jesus por nós. Eu os abençoo. Amém.
- Queridos filhos choro lágrimas de sangue por meus filhos se converterem, mesmo assim muitos não aceitam a conversão. Por isso filhinhos amados, rezem e rezem pela conversão dos pecadores, pelos corações duros como pedra. Amém. Amém.

- Filhinhos, hoje eu os convido a ajoelhar-se aos pés de meu filho Jesus que está no sacrário e adorá-lo. Adorem, adorem. Amém.
- Filhinhos queridos, estou no meio de vocês e os convido a rezarem cada vez mais. Não desanimem nas provações. Dá-los-ei forças. Abençoo a todos.
- Queridos filhos venho aqui hoje, para trazer a minha paz. Rezem pelos que os criticam, pelos que não me aceitam. Sou Mãe de todos entregue por meu filho Jesus. Abençoo a todos. Amém.
- Queridos filhos, hoje eu peço que rezem pelas famílias, pelos consagrados ao meu coração.
- Queridos irmãos vocês estão vivendo num tempo de graças e de muitas tribulações. Rezem. Os abençoo. Amém.
- Queridos filhos, peço para se converterem a meu filho Jesus. Amem ao seu próximo. Façam o que peço. Amo a todos. Amém.
- Queridos irmãozinhos a paz de Nosso Senhor Jesus Cristo estejam com vocês. Estarei sempre com vocês, em todos os perigos orai todos comigo e não temam, creiam somente. Sou o anjo da paz meu nome é Gabriel Arcanjo.
- A paz esteja com vocês. Queridos filhinhos tenham fé viva e verdadeira. Só suas orações, ajudarão nestes dias que vocês estão vivendo. Amo-os muito e não desanimem. Rezem sempre. Os abençoo. Amém.
- Queridos filhos consagrem-se ao meu Imaculado Coração e de meu filho Jesus. Tenho pressa que se convertam. Quando vocês louvam a mim e ao meu filho, os anjos fazem festa no céu. Amo todos vocês e os abençoo. Amém.
- Queridos irmãos convertam-se, convertam-se, pois, os tempos estão breves. Amo a todos e os abençoo em nome

da Santíssima Trindade. Pai, Filho e Espírito Santo. Amém.
- Queridos filhinhos a paz de meu filho Jesus e meu amor estejam sempre em seus corações. Todos os dias estou ao lado de vocês, vejo-os rezando, trabalhando, eu sou a Mãe do amor. Por isso recebam em seus corações o meu amor de Mãe. Estou muito feliz com quem está rezando e convertendo-se. Agradeço pelas flores que me trazem. Acolham as minhas graças e bênçãos. Nunca esqueçam amo muito vocês. Amém.
- Filhinhos, choro por meus filhos que não querem saber de Deus. Sempre intercedo a Jesus por todos os meus filhos. Intercedo que até o dia do castigo meus filhos se convertam. Peço para meus mensageiros transmitirem minhas mensagens. Filhos, preciso de suas orações, sacrifícios, para me ajudar.
- Filhinhos queridos, hoje mais uma vez peço a conversão e para rezarem mais, porque no mundo de hoje muitos querem saber mais que Deus. Muitos dos meus filhos estão se perdendo, trocam a verdadeira Igreja de Jesus Cristo, por falsas religiões e seitas. Peço que rezem pelos Padres, pelos Bispos para que não desanimem na caminhada.
- Irmãos meus Eu sou o Deus vivo e verdadeiro, acreditem na Eucaristia. Estou presente e sou o próprio Jesus. Dou a minha paz para todos. Amém."
- Filhinhos muitos daqui estão machucando meu Imaculado Coração. Amo todos com amor materno. Peço que vos convertam, pois, os tempos estão se aproximando. Vão as missas. Rezem pelas almas do purgatório. Quando choro o inferno pula de alegria. Como Mãe do céu acolho todos em meu coração. Não pensem que o maligno está dormindo, ele está cada momento querendo dominar

vocês. Rezem para me ajudar a fechar as portas do inferno. Muitos, muitos filhinhos não acreditam mais na Eucaristia. Acreditem recebam Jesus enquanto podem receber em seus corações na comunhão, pois quando o falso papa se sentar na cadeira ele proibirá a eucaristia e a confissão e muitas outras coisas. Me ajudem. Amém. Amém.

- Queridos filhos é com alegria que transmito essa mensagem. Jesus está pedindo que rezem, que se convertam, Jesus tem pressa, pois a Sua volta está próxima. Rezem muito pelo Santo Padre o Papa João Paulo II para que tenha força e fé nessa caminhada. Eu, Mãe de Jesus, vos abençoo em nome da Santíssima Trindade. Pai, Filho e Espírito Santo. Amém.
- Trago-os esta mensagem com muito amor e alegria. Rezai o Santo Rosário com fé, amor e devoção. Entregai a Deus os seus corações. Ele ouve as suas orações. Jesus quer ser adorado no Santíssimo Sacramento. Eu os abençoo em nome da Santíssima Trindade, Pai, Filho e Espírito Santo. Amém.
- Queridos filhos, hoje desço do céu para os abençoar. Sou a Imaculada Conceição Aparecida Rainha da Paz e quero pedir para se consagrarem ao Sagrado Coração de Jesus e ao meu Imaculado Coração. Tenho enchido seus corações de paz e alegria. Estou feliz com vocês, pois amo a todos com amor materno. Abençoo a todos em nome da Santíssima Trindade. Amém. Agradeço por corresponder ao meu apelo.
- Queridos filhos, hoje nasceu meu filho Jesus para salvá-los do pecado. Muitos nesse dia nem lembram que Deus existe. Só pensam em festas, diversões e nem lembram de rezar o Terço, pois só pensam nas coisas do mundo, por isso eu peço que se convertam para ganhar o céu. Nós a

Sagrada Família abençoamos a todos. Amém. Pai, Filho e Espírito Santo.
- Queridos filhos, a paz esteja em seus corações. Hoje desço do céu para pedir que se convertam o quanto antes, pois a volta de Jesus está próxima.
- Queridos filhos, hoje é com muito amor que dou essa mensagem. Amo muito vocês e peço que não desanimem nessa caminhada, estou com vocês e os abençoo, em nome do Pai, Filho e Espírito Santo. Amém. Meus filhos, eu peço que rezem o Rosário todos os dias pois ele amarra satanás. Estou sempre com vocês. Amém.
- Filhos amados meus, estão se aproximando os castigos. Convertam-se o mais breve possível porque senão irão para o fogo eterno. Convertam-se. Eu quero levá-los comigo para o céu. Oh filhos, como eu choro por aqueles que não acreditam, e nem querem saber de Deus. Eu amo muito vocês e os abençoo. Amém.
- Filhos é com muita alegria que estou aqui hoje para lhes pedir, que se dediquem mais nas orações, que façam jejum nas quartas e sextas-feiras, que façam penitências, por essa obra. Tomem cuidado com o inimigo, porque nesses dias virão muitas provações. Sempre estarei com vocês. Abençoo-vos. Amém.
- A paz de meu filho Jesus e a minha paz permaneçam com vocês. Filhos, agradeço por levantarem esta cruz como sinal da minha vitória, e da derrota de satanás. Eu e meu filho Jesus, estávamos presentes os ajudando. Depois de cessarem as minhas aparições, peço-vos que continuem com a devoção da primeira sexta-feira do mês em desagravo ao Sagrado Coração de Jesus, o primeiro sábado do mês dedicado ao meu Imaculado Coração e do primeiro domingo dedicar aos dois corações: Jesus

e Maria. Quero que este lugar seja transformado como numa pequena Medjugorje. Abençoo-vos. Amém.
- Filhos queridos desço do céu para lhes dizer: quero que continuem rezando todos os dias, aqui na minha gruta e não deixem de viver as minhas mensagens. Elas estão levando vocês meus filhos para o caminho do céu. Não quero que abandonem o que Jesus e eu já ensinamos para vocês. Meus filhos, um dia vocês prestarão conta sobre isso, por isso rezem e procurem viver o que lhe ensinamos. Filhos, agradeço a todos aqueles que estão aqui nos ajudando nesta obra. Quero que continuem e não parem. Jesus e eu lhe agradecemos por tudo. Deixo a minha benção para todos vocês. Amém.
- Filhinhos meus, quero acolhê-los hoje a todos vocês em meu Coração Imaculado, e no coração de meu filho Jesus. Filhos, não esqueçam de continuar vindo aqui neste lugar tão simples, que eu escolhi para dar minhas mensagens. Todos os consagrados aos Nossos Corações estão guardados em meu Imaculado Coração e no Sagrado Coração de meu filho Jesus. Hoje venho com alegria e muito amor para dar-lhes esta mensagem. Não esqueçam: rezem sempre o Rosário com devoção. Agradeço, meus queridos filhos por estarem mais um dia reunidos louvando ao meu coração e ao de meu filho Jesus. Hoje derramarei muitas graças sobre todos vocês meus amados. Continuem fazendo jejuns e penitências, vão sempre a Santa Missa, comunguem e confessem. Aproveitem, pois, os tempos estão breves. Eu sou a Rainha da Paz. Não desanimem. Vivam as minhas mensagens e não somente as ouçam. Meu amor por vocês não tem fim. Acreditem nos meus sinais dados aqui. Não estarei mais com vocês visível fisicamente, mas sempre estarei com vocês em todos os momentos de suas vidas. Estou muito feliz com

vocês, por isso choro de alegria. Abençoo-os em nome do Pai, do Filho e do Espírito Santo. Amém."
- Meus filhos, geração minha, hoje venho vos anunciar com amor as minhas mensagens para a vossa conversão. Meus amados irmãos, povos me ouçam com atenção essa mensagem e vivam colocando-a em prática. Aproveitem este tempo para me receber, com amor na Eucaristia. Amo-os e peço-lhes que rezem o Rosário em família. Façam jejuns e penitências reparadoras, pois muitos homens e mulheres estão pecando contra meu Coração Sacratíssimo. Não quero que os homens se comportem como se fossem mulheres e as mulheres como se fossem homens. Atendam este meu urgente pedido, pois amo muito vocês. A minha vinda gloriosa está muito próxima. Deixo a minha benção. Amém.

MILAGRES RELATADOS
- Cura de reumatismo sanguíneo;
- O mudo conseguiu falar;
- Deixou o vício do cigarro;
- Câncer que foi dissolvido;
- A doente mental que aprendeu a ler a escrever instantaneamente;
- Cura da alergia;
- Cura duma criança com má formação do canal do esôfago;
- Cura da fimose e do problema do coração duma criança;
- Melhora no estado emocional duma jovem.

Capítulo Especial

Nossa Senhora sempre me acompanhou na minha trajetória sobre a terra. Mãe maternal e conselheira, objetiva meu bem a todo custo e é isso que ela deseja para sua vida. Abaixo, segue algumas das minhas experiências espirituais e encontros com a mãe de Deus.

DEBAIXO DUMA ÁRVORE

Era quase meio-dia. Apesar do calor, o ambiente era tranquilo e aconchegante por estar entre as árvores do jardim duma praça. Estava pensando na vida e nas dificuldades quando subitamente uma mulher bela, forte e idosa se aproximou. Sorrindo, ela questionou:

"Acredita em Deus, meu filho?

"Sim, eu creio.

Então sem pedir permissão ela colocou sua mão direita na minha testa orando:

"Que o poder e a glória do criador te cubram e o iluminem.

Nesse mesmo instante, senti uma paz e alegria profundas. Era como se eu sentisse completo. Instantes depois, a senhora se despediu de mim gentilmente. Acompanhei-a um pouco até que sem explicação desapareceu da minha visão. Tentei procurá-la, mas sem êxito. Simplesmente tinha evaporado. Atribuí esta presença a Mãe de Deus como voto de fé.

NA CASA LOTÉRICA

Estava fazendo alguns jogos a fim de tentar a sorte como qualquer cidadão comum. Na fila, antes de fazê-lo, e apareceu a figura duma mulher mulata vestida com frangalhos. Ela me encarou e pediu:

"Pode me ajudar jovem, com alguns trocados?

Nossos olhares se trocaram nela sentindo uma plena confiança. Sorrindo, eu disse:

"Sim. Eu posso!

Eu dei-lhe algumas moedas do meu bolso. Agradecendo, ela ficou por ali a tentar a sorte. Aproximei-me do guichê de atendimento e paguei minha conta. Ao sair, não pude ver mais minha benfeitora. Perguntando a alguns presentes sobre ela, simplesmente disseram não ter visto tal mulher. No meu íntimo, meu coração palpitou! Será que......! Não havia dúvidas de que era a mãe de Deus testando a minha bondade e graças a Deus correspondi suas expectativas.

NA LOTAÇÃO

Era um dia como outro qualquer. Estava dentro da lotação esperando chegar mais passageiros quando uma bela madame chegou. Ela sentou ao meu lado e abriu um belo sorriso. Senti intimamente ligado aquela estranha sem nenhuma explicação real. Parecia que nos conhecíamos a muito tempo. Sem poder, resistir iniciei o contato:

"Tudo bem, Senhora?

"Estou bem e você?

"Levando a vida. Como se chama e onde moras?

"Meu nome é Maria e moro em Belo Jardim. Sou casada e tenho três filhos.

"Que bom! Meu nome é Aldivan e sou daqui próximo. Moro com minha mãe e irmãos.

"Você ainda tem mãe? Que coisa boa. Eu já perdi minha mãe. É tão triste. Mãe é a coisa mais importante da nossa vida, não é?

"Sim. Mães nunca morrem. Elas sempre estão conosco duma forma ou de outra.

"Agora que você me disse isso eu me emociono! Quer dizer que voltarei a encontrar minha mãe depois que eu morrer?

"Antes e depois.

"Que bom! Você tem alma de criança. Deve ser um menino bom!

"Com meu trabalho, ajudo dez pessoas diretamente e milhares indiretamente através do serviço público. Eu me sinto realizado.

"Que maravilha!

"Qual sua religião?

"Sou católica. Um dos meus filhos é carpinteiro, ofício do pai. Nós somos uma família muito unida, sabe? Eu tenho um projeto e através dele ajudo muitas pessoas.

"Que legal! Também gostaria de participar dum projeto assim. Mas às vezes falta tempo.

"Não fale assim! Às vezes apenas uma palavra basta para ajudar o próximo.

"Entendi. Eu não sei como, mas me sinto muito à vontade com você.

"Que bom! Eu também! Deve ser porque luz atrai luz, não é?

"Isso!

"Olha! Adorei te conhecer! Eu sei que em algum momento seus sonhos serão realizados. Você é um menino muito bom!

"Eu amei conhecer a senhora também!

"Obrigada!

O carro parte e nos conservamos em silêncio durante o percurso. Ao me despedir dela, ficou um rastro de saudade. Encontrei naquela mulher uma verdadeira face de Maria. Uma verdadeira mãe! Viva Nossa Senhora!

MILAGRES PESSOAIS

Obtive dois milagres através da intercessão de Nossa Senhora: Um problema respiratório e outro vascular. Nas duas vezes, senti a mão de Deus me curando o que me emocionou muito. O meu exemplo é prova para que todos acreditem no amor de Deus e de sua mãe pela humanidade. Viva Maria!

Mensagem recebida quando iniciei a escrita do livro

"Estou muito feliz com sua decisão. Vou te proteger e te dar muita paz!"

Aqui me despeço após esse maravilhoso relato com a certeza da missão cumprida. Que o nome da mãe de Deus seja engradecido cada vez mais!

Fim

www.ingramcontent.com/pod-product-compliance
Lightning Source LLC
LaVergne TN
LVHW020437080526
838202LV00055B/5226